BEI GRIN MACHT SICH IHR
WISSEN BEZAHLT

Christian Risse

Der Ebro-Vertrag

Seine Instrumentalisierung beim Ausbruch des Zweiten Punischen Kriegs und seine Veränderung zu Gunsten Roms

GRIN Verlag

Bibliografische Information der Deutschen Nationalbibliothek:

Die Deutsche Bibliothek verzeichnet diese Publikation in der Deutschen National-
bibliografie; detaillierte bibliografische Daten sind im Internet über http://dnb.d-
nb.de/ abrufbar.

Dieses Werk sowie alle darin enthaltenen einzelnen Beiträge und Abbildungen
sind urheberrechtlich geschützt. Jede Verwertung, die nicht ausdrücklich vom
Urheberrechtsschutz zugelassen ist, bedarf der vorherigen Zustimmung des Verla-
ges. Das gilt insbesondere für Vervielfältigungen, Bearbeitungen, Übersetzungen,
Mikroverfilmungen, Auswertungen durch Datenbanken und für die Einspeicherung
und Verarbeitung in elektronische Systeme. Alle Rechte, auch die des auszugsweisen
Nachdrucks, der fotomechanischen Wiedergabe (einschließlich Mikrokopie) sowie
der Auswertung durch Datenbanken oder ähnliche Einrichtungen, vorbehalten.

Impressum:

Copyright © 2013 GRIN Verlag GmbH
Druck und Bindung: Books on Demand GmbH, Norderstedt Germany
ISBN: 978-3-656-45707-7

Dieses Buch bei GRIN:

http://www.grin.com/de/e-book/229996/der-ebro-vertrag

GRIN - Your knowledge has value

Der GRIN Verlag publiziert seit 1998 wissenschaftliche Arbeiten von Studenten, Hochschullehrern und anderen Akademikern als eBook und gedrucktes Buch. Die Verlagswebsite www.grin.com ist die ideale Plattform zur Veröffentlichung von Hausarbeiten, Abschlussarbeiten, wissenschaftlichen Aufsätzen, Dissertationen und Fachbüchern.

Besuchen Sie uns im Internet:

http://www.grin.com/

http://www.facebook.com/grincom

http://www.twitter.com/grin_com

Inhalt

1. Einleitung:

Der Ebro Vertrag ist eine, zwischen einer römischen Gesandtschaft und dem karthagischen Feldherren Hasdrubal um 225 v. Chr., geschlossene Vereinbarung. Darin verpflichten sich beide Seiten, den Fluss Ebro nicht in kriegerischer Absicht zu überschreiten. Später warfen sich beide Seiten den Bruch des Vertrags und damit die Schuld am Ausbruch des Zweiten Punischen Krieges vor. Die Quellenlage rund um den Ebro Vertrag ist dabei eher schwierig. Der originale Vertragstext liegt nicht mehr vor, so dass wir uns heute mit Überlieferungen und Berichten antiker Geschichtsschreiber auseinander setzen müssen. Als verlässlichste Quelle gilt gemeinhin Polybios, der sich in seinen *Historiae* einer neutralen Geschichtsschreibung verpflichtet und auch dadurch, dass er verhältnismäßig kurz nach den Ereignissen des zweiten punischen Krieges lebte. Hinweise auf den Ebro Vertrag finden sich auch bei Livius und Appianus, die allerdings später lebten und sich zum Teil wohl an den Aufzeichnungen des Polybios orientierten. Ihre Darstellungen stellen schon deutlicher heraus, dass der Bruch des Ebro Vertrags durch die Karthager der Auslöser zum Zweiten Punischen Krieg gewesen sei. Im Folgenden soll untersucht werden, ob die Darstellungen rund um den Ebro Vertrag von römischer Seite verändert oder verfälscht wurden, um Karthago die alleinige Schuld am Kriegsausbruch zu geben. Daneben soll aufgezeigt werden, dass für Rom der Vertrag primär kurzfristig verhindern sollte, dass die Karthager sich mit den Kelten nördlich der Alpen verbünden sollten, um Rom anzugreifen, aber keineswegs einen dauerhaften Frieden sichern sollte.

2. Ausgangslage: Rom und Karthago vor Beginn des Zweiten Punischen Krieges:

Nach dem Ende des Ersten Punischen Krieges war Rom um 230 v.Chr. zur beherrschenden Macht auf der italischen Halbinsel geworden und dehnte seinen Machtbereich weiter aus. Mittlerweile unterhielt Rom auch Handelskontakte zu Städten auf der iberischen Halbinsel und schloss Bündnisverträge zum Beispiel in Südfrankreich mit der griechischen Stadt Massilia, dem heutigen Marseille.[1] Durch Münzfunde konnte gezeigt werden, dass es Kontakte Roms zur Stadt Sagunt gab, die südlich des Ebros lag. Dabei ist allerdings unklar, ob diese Verbindung vor oder nach Abschluss des Ebro Vertrags entstand.[2] Unklar ist auch, ob es mit der Stadt Sagunt einen Bündnisvertrag, einen sogenannten

---

[1] Klaus Bringmann: Geschichte der römischen Republik. Von den Anfängen bis Augustus, München 2002. S. 105 – 110. Im Folgenden als: Bringmann, Geschichte der römischen Republik.
[2] Fritz Heichelheim: New Evidence on the Ebro Treaty, in: Historia Bd.3 (1954). S. 211-219. Im Folgenden als Heichelheim, The Ebro Treaty.

Foedus gab. Rom konzentrierte sich aber in dieser Zeit zunächst wenig auf die iberische Halbinsel, sondern begann in Sizilien, Sardinien und im Süden der italischen Halbinsel seine Macht durch eine Verdopplung der anwesenden Konsuln und die Stationierung zweier Legionen zu festigen. Dadurch sollte dort auch die Gefahr über das Mittelmeer angreifender Karthager gebannt werden.[3] Daneben erwarteten die Römer im Norden den Einfall der gallischen Kelten nach Italien. Die unterworfenen keltischen Stämme der Bojer und Insubrer im Norden Italiens hatten sich hilfesuchend an ihre Verwandten jenseits der Alpen, die Gaesaten gewandt, die daraufhin ihr Heer aufrüsteten und sich für einen Einfall in Richtung Roms vorbereiteten. Über diese Aufrüstung und die drohende Gefahr waren die Römer zwar nur teilweise informiert, doch die Gefahr eines Angriffs der Kelten war ihnen bewusst, weswegen sie begannen an der Nordgrenze neue Truppen auszuheben und versuchten die Grenze zu sichern.[4]

Dem karthagischen Reich gelang es unter dem herrschenden Hasdrubal, einem geschickten Diplomaten und Strategen in kurzer Zeit seinen Macht- und Einflussbereich über größere Teile des Südens der iberischen Halbinsel auszudehnen. Er gründete sogar ein neues Verwaltungszentrum und nannte seine neue Stadt Neukarthago (Lat. Nova Carthago), die wir noch heute als Cartagena kennen. Dort lag der einzige Naturhafen an der Ostküste Iberiens südlich des Ebros. Von dort konnte Nordafrika und damit die karthagische Heimat bedeutend leichter und schneller erreicht, die wegen ihrer Strömungen gefährliche Straße von Gibraltar gemieden und der Nachschub an Truppen und deren Versorgung sichergestellt werden. Die Römer betrachteten das Erstarken der karthagischen Präsenz im Süden Iberiens mit Sorge. Bei Polybios, der in seinem zweiten Buch in Kapitel 18, die Ereignisse noch am neutralsten darstellt, findet sich die Darstellung, dass die Römer zunächst „geschlafen" hätten und von der Expansion der Karthager erst gar nichts mitbekommen hätten. Die mit Rom verbündeten griechischen Städte im Norden äußerten schließlich ihre Sorge über die karthagische Expansion. Um sich nun über die weiteren Absichten und Pläne Hasdrubals und über das Ausmaß seiner Macht zu informieren, schickten die Römer schließlich um 226 eine Gesandtschaft nach Neukarthago.[5] Schon aus dem ersten punischen Krieg wussten die Römer um die Gefahr die von den Karthagern ausging und so sollten, auch durch direkte Verhandlungen, Vorkehrungen getroffen werden, um Italien speziell vor Angriffen zur See zu

---

[3] Jakob Seibert: Hannibal. Feldherr und Staatsmann, Mainz 1997 (Zaberns Bildbände zur Archäologie), S. 26. Im Folgenden als: Seibert, Hannibal. Feldherr und Staatsmann.

[4] Peter Bender: Rom, Karthago und die Kelten, in Klio 79 (1997), S. 87-106. S. 87-93. Im Folgenden als Bender, Rom Karthago und die Kelten.

[5] Seibert, Hannibal. Feldherr und Staatsmann, S. 26.

schützen.[6] Die Römer hätten den Karthagern gerne den Krieg erklärt, doch die Gefahr des Kelteneinfalls und ein daraus resultierender Krieg an zwei Fronten machten Verhandlungen unerlässlich. Deswegen traten die römischen Gesandten in Karthago Hasdrubal gegenüber sehr zuvorkommend auf und es wurde ein Vertrag aufgesetzt, bei dem beide Seiten keine großen Zugeständnisse machen mussten. Nach Polybios wurde vereinbart, dass die Karthager den Fluss Iber, der nach heute weit verbreiteter Ansicht der Ebro ist, nicht zu Kriegszwecken bzw. mit Waffen überschreiten dürften.[7] Vom übrigen Iberien sei nichts erwähnt worden, ebenfalls waren durch diese Bestimmungen durchaus diplomatische und wirtschaftliche Beziehungen beider Seiten auch über den Iber hinweg erlaubt.[8] Der Vertrag zwischen der römischen Gesandtschaft und Hasdrubal wurde als sogenannter *Feldherrenvertrag* geschlossen. Das bedeutet, dass der Vertrag direkt mit Hasdrubal geschlossen wurde und so keiner Ratifizierung durch die karthagische Zentralregierung bedurfte. Ein wichtiger Unterschied zu vorherigen Verträgen zwischen Rom und Karthago, die mehrheitlich die militärischen Einflussbereiche auf See anhand von markanten Punkten an der Küste regeln sollte, wurde nun ein Fluss als natürliche Grenze zweier Interessensgebiete verwendet. Die Karthager sollten durch den Vertrag aus römischer Sicht daran gehindert werden auf dem Landweg nach Rom zu stoßen und sich auf dem Weg mit den Kelten zu verbünden und so in die von den Römern befürchtete kommende Auseinandersetzung an der Nordgrenze Italiens einzugreifen.[9]

3. Die Eroberung Sagunts und der Weg in den zweiten punischen Krieg.

Im Jahr 222/221 wurde Hasdrubal von einem keltischen Sklaven ermordet, woraufhin Hannibal von seinen Soldaten zum neuen Feldherren gekürt wurde. Hannibal führte sofort einige Feldzüge ins iberische Landesinnere gegen die Olkaden und Vakäer. Die Stadt Sagunt, die offenbar damals noch nicht zum direkten Einflussbereich der Karthager gehörte, rief Rom zur Schlichtung innerer Konflikte um Hilfe an. Die Römer nutzten diese Gelegenheit den romfreundlichen Kräften in Sagunt zur alleinigen Macht zu verhelfen und ließen diejenigen Saguntiner, die Karthago zugetan waren aus der Stadt weisen, oder gar hinrichten. Die Saguntiner fühlten sich mit den Römern im Hintergrund stark genug, auch einige Nachbarn, die mittlerweile karthagische Untertanen waren

---

[6] Bender, Rom Karthago und die Kelten, S.98.
[7] Pol II, 18.
[8] Seibert, Hannibal. Feldherr und Staatsmann, S. 26.
[9] Bender, Rom Karthago und die Kelten, S.94-97.

anzugreifen, eine Provokation, die Hannibal nicht zulassen konnte. Im Jahre 219 rückte er, trotz der Warnung einer römischen Gesandtschaft auf das stark befestigte Sagunt vor. Mehrmals schickte die bedrängte Stadt Gesandte nach Rom um dort um Hilfe zu bitten, doch Rom griff nicht in den Konflikt ein. Sagunt wurde nach achtmonatiger Belagerung schließlich eingenommen. Für die Bevölkerung bedeutete das ein hartes Schicksal, denn wer die Belagerung noch überlebt hatte wurde nun in die Sklaverei verschleppt, die Stadt selbst wurde völlig zerstört. Rom reagierte zunächst verhalten auf die Belagerung und Zerstörung Sagunts. Im Jahr 218 wurde, nach zähen Verhandlungen im Senat eine weitere Gesandtschaft nach Karthago geschickt, die forderte Hannibal wegen der Ereignisse an Rom auszuliefern, ansonsten mit Krieg drohte. Da die Karthager die Eroberung Sagunts nicht als rechtswidrig empfanden, verweigerten sie dies, woraufhin Rom Karthago den Krieg erklärte.[10]

4. Unklarheiten rund um den Vertrag und eine mögliche Geschichtsverfälschung:

Sowohl die römische als auch die karthagische Seite betrachteten den Bruch des Ebro Vertrags als Auslöser des Zweiten Punischen Krieges. Da wir heute nur die Sicht der Römer kennen, muss eine einseitige Schuldzuweisung eher kritisch betrachtet werden. Es gibt mehrere Unklarheiten um den Vertrag. Es erscheint merkwürdig, dass Hasdrubal auf diesen Vertrag, offenbar ohne römische Gegenleistungen einging. Eine Theorie ist, dass Hasdrubal seine eigene Machtstellung innerhalb Karthagos zunächst festigen wollte und von daher ohnehin nicht plante, die, von seinem Einflussbereich weit entfernte, Grenze des Ebro zu überschreiten.[11] Die Grenzlinie des Ebro ließ ihm noch weiten Raum zur eigenen Expansion so dass er diese Demarkationslinie unschwer annehmen konnte.[12] Eine andere Deutung wäre, dass Hasdrubal dadurch, dass die römische Gesandtschaft direkt mit ihm verhandelte, seine eigene Machtstellung durch die Römer bestätigt sah und selber das Ziel hatte in Iberien eine eigene, von Karthago unabhängige Herrschaft aufzubauen. Der römische Senator Fabius Pictor, der Hasdrubal eine ausgesprochene Machtbesessenheit zuschreiben wollte, hatte dies schon kurz nach dem Vertrag geäußert. Eine weitere Möglichkeit ist auch, dass die Römer materielle Zugeständnisse gemacht hätten und zum Beispiel auf Zahlungen, als Folge des Ersten Punischen Krieges, verzichtet hätten.[13] Da aber die Quellenlage rund um den Vertrag eher schwierig

---

[10] Seibert, Hannibal. Feldherr und Staatsmann, S. 29-31.

[11] Bringmann, Geschichte der römischen Republik, S. 107

[12] Klaus Bringmann: Der Ebrovertrag, Sagunt und der Weg in den Zweiten Punischen Krieg, in: Klio 83 (2001), S. 369-376. S. 371.

[13] Jakob Seibert: Forschungen zu Hannibal, Darmstadt 1993. S. 124-125.

ist, gibt es auch Gedanken, es habe eine lateinische Version des Vertrages gegeben, in denen die Verpflichtungen Karthagos festgelegt wurden und daneben auch eine punische Version, in denen römische Verpflichtungen und Gegenleistungen festgehalten werden sollten. Da Polybios bei seinen Recherchen in Rom nur Zugriff auf die lateinische Version des Vertrags hatte, fehlen in seinen Ausführungen die römischen Verpflichtungen.[14] Polybios hatte wohl Zugriff auf Originaldokumente zum Ebro Vertrag, als er für seine *Historiae* in Rom recherchierte. Es bleibt unklar, ob auch er schon die Abläufe der Ereignisse bewusst falsch angab oder bestimmte Details ausließ um die römische Partei als besonders großzügig gegenüber Hasdrubal darzustellen und die Schuldfrage zum Zweiten Punischen Krieg deutlich zu Gunsten Roms zu klären. Im dritten Buch führt er in Kapitel 6 und 15 auch die vertragswidrige Belagerung und Eroberung der Stadt Sagunt neben, bzw. vor der Überschreitung des Ebros als Grund für den Kriegsausbruch an.[15] An dieser Stelle widerspricht er seiner eigenen Darstellung im zweiten Buch, wo er eindeutig ausführt, dass „vom übrigen Iberien kein Wort stand".[16] Gegen Polybios' Darstellung und die einseitige Schuldzuweisung Roms an Karthago gibt es aber an vielen Stellen Einwände. Zum ersten ist unklar in welchem Verhältnis Rom zu Sagunt wirklich stand. Hätte Rom schon vertragliche Bindungen zu Sagunt gehabt, so würde man eine entsprechende Ausnahmeklausel im Vertrag erwarten. Ebenfalls wäre es verwunderlich, dass die bedrängten Saguntiner vergeblich mehrere Bitten um Beistand nach Rom schickten, als sie nach Hannibals Feldzügen in Iberien um ihre Freiheit fürchten mussten. Dass Rom die Hilferufe Sagunts unbeachtet ließ, spricht eher gegen das Vorhandensein eine Bindung. Eine Allianz zwischen Rom und Sagunt erscheint um die Zeit um 220, also nach dem Ebro Vertrag eher als wahrscheinlich, das Verhältnis vorher könnte allenfalls ein eher unverbindlich freundschaftliches gewesen sein, eine *amicitia*. Rom schien an den Vorgängen um Sagunt uninteressiert gewesen zu sein. Die Verknüpfung des Angriffs auf Sagunt mit der, für die Karthager unerfüllbaren Forderung, Hannibal den Römern auszuliefern, scheint eher eine gezielte Provokation, verbunden mit dem unbedingten Willen zu einem Krieg zu sein. Sagunt erscheint dabei als „Bauernopfer", als Ausrede für einen Krieg mit einer zweiten Supermacht, die Rom nicht neben sich dulden konnte. Angesichts der Passivität Roms während der langen Belagerungszeit Sagunts, die nicht mit Desinteresse oder gar Nachlässigkeit zu erklären ist, lässt sich ein unvorteilhaftes Bild für Rom

---

[14] Heichelheim, The Ebro Treaty. S.218-219.
[15] Pol III.
[16] Pol II, 18.

zeichnen. Der Senat hatte für seine zögerliche Reaktion gute Gründe. Die Zerstörung Sagunts brachte den Römern als Kriegsgrund einen größeren Nutzen, als die Aufnahme in ein offizielles Bündnisverhältnis, als Stützpunkt in Iberien. Es erscheint daher plausibel, dass Polybios in seiner Darstellung des Ebro Vertrags nichts von Sagunt erwähnte, da die Stadt zum Zeitpunkt des Vertragsschlusses gar keine Bedeutung für Rom hatte und erst später als Kriegsauslöser ins Gespräch gebracht wurde. Die bewusste Opferung der Stadt musste dabei in den Darstellungen bewusst vermieden werden, da dies nur schwer mit der offiziellen Senatspropaganda zu vereinbaren und dem Bild anderer Bundesgenossen Roms gegenüber abträglich gewesen wäre. Ein Motiv Roms zu einem Präventivkrieg war auch die Furcht vor einer Revanche des ersten punischen Kriegs. Den, von Roms kriegerischen politischen Grundsätzen geprägten, Senatoren könnte dieses Bedürfnis zur Revanche selbstverständlich vorgekommen sein, jedoch könnte ein direkter Angriff auf Karthago in der Geschichtsschreibung unvorteilhaft erscheinen. Das Hilfegesuch Sagunts kam ihnen zur rechten Zeit. Roms Einmischung in die Angelegenheiten des südlich des Ebro gelegenen Sagunts stellt aber für sich schon einen Bruch des Ebro Vertrages dar, wenn wir annehmen, dass dieser beiden Seiten ein Überschreiten des Ebro verbot. Es erscheint wahrscheinlicher, dass bei den Verhandlungen von 220 die Karthager ihrerseits den Bruch des Ebro Vertrags durch Rom anmahnten und dies auch bei den zweiten Verhandlungen 218 nochmals der römischen Gesandtschaft vorwarfen. Dies ließ sich ebenfalls nicht mit der Senatspropaganda vereinbaren, weshalb Polybios wohl auch durch Druck zu einer romfreundlicheren Darstellung der Ereignisse genötigt wurde. Es er ist nicht sicher, ob er als überzeugter Anhänger der Römer seine Berichte im Sinne Roms schönte, oder ob seine Quellen in Rom nicht verlässlich waren. Auch die Darstellung der karthagischen Seite ist einseitig. In der späteren römischen Geschichtsschreibung werden die Barkiden Hannibal und Hasdrubal als macht- und habgierig beschrieben. Nach den Ansichten des Senators Fabius Pictor war Hasdrubals Gier und seine Abkehr von der karthagischen Regierung, um in Iberien eine selbstständige Provinz aufzubauen, mittelbarer Auslöser des Krieges. Hannibal habe eben diese eigenmächtige Politik vorgesetzt und sich schließlich von Machtgier getrieben über die karthagische Regierung hinweggesetzt und eigenmächtig Sagunt angegriffen. Derartige Darstellungen stammen wohl auch aus dem Karthago der Nachkriegszeit, als nach dem verlorenen Krieg die Gegner der Barkiden diese als Sündenböcke nutzten. Das Gegenteil scheint zutreffend zu sein. Hasdrubal erscheint in den Überlieferungen zwischen dem ersten und zweiten punischen Krieg eher als besonnener

Diplomat, der durch Verträge Ruhe und Konsolidierung seines Machtbereichs anstrebte. Auch Hannibals eigenmächtiges Vorgehen gegen Sagunt ohne jeden Grund erscheint im Hinblick auf die saguntinischen Provokationen fraglich. Vielmehr wird er sich, im Bewusstsein der Konsequenzen, bei der Regierung in Karthago rückversichert haben. Die Karthager waren den Römern zwar generell und speziell nach der Annexion Siziliens nicht besonders zugetan und gingen wegen der Erfolge in Iberien durchaus zuversichtlich in den Krieg, ihr Ziel lag aber vorrangig darin, nach den Verlusten an Land nach dem Ersten Punischen Krieg, ihre Macht auf der Iberischen Halbinsel zu sichern. Dort wollten sie die materielle Versorgung und damit die Handlungsfreiheit des karthagischen Mutterlands sichern. Das einzige Anzeichen für einen Willen zum Krieg bei den Karthagern ist der Angriff auf Sagunt, trotz der Kriegsdrohung Roms. Dies tat Hannibal aber nicht um seine Macht auszudehnen, vielmehr provozierten die Saguntiner, mit den Römern als Schutzmacht, den Krieg durch Angriffe auf ihre karthagischen Nachbarn. Um eine Destabilisierung Iberiens durch von Karthago zu Rom abfallende Stämme zu verhindern musste Hannibal handeln.[17]

5.Fazit:

Rom hatte aufgrund der Gefahr eines Einfalls der Kelten in Norditalien um die Zeit um 225 v.Chr ein durchaus gesteigertes Interesse daran, die in Iberien immer stärker werdenden Karthager auf Abstand zu halten und zu verhindern, dass sie gemeinsam mit den ohnehin mächtigen Kelten einen Angriff auf Rom begannen. Daher schlossen sie mit Hasdrubal einen Vertrag, den dieser aufgrund seiner großzügigen Bestimmungen kaum ablehnen konnte. Dennoch konnten die Römer, die gerade begannen sich für die Iberische Halbinsel zu interessieren, dort keine rivalisierende Großmacht neben sich dulden, weshalb der Krieg langfristig schon bei Vertragsschluss absehbar war. Die Ereignisse rund um Hannibals Angriff auf Sagunt lieferten den Römern eine geeignete Ausrede um mit der, für die Karthager nicht zu erfüllenden Forderung nach Hannibals Auslieferung einen Krieg zu provozieren. Die Römer befürchteten durch die bewusste Opferung Sagunts, dass darüber hinaus noch südlich des Ebro, und damit gar nicht im römischen Interessensgebiet lag, vor ihren Bundesgenossen und in der späteren Geschichtsschreibung in einem schlechten Licht zu stehen. So versuchten sie die Darstellungen rund um den Ebro Vertrag zu ihren Gunsten zu verändern, damit es schließlich wirkte, als hätten die Karthager allein den Vertag gebrochen und den Ausbruch des Zweiten Punischen Kriegs zu verantworten.

---

[17] Zimmermann, Klaus: Rom und Karthago, Darmstadt ²2009 (Geschichte Kompakt). S. 42-68.

6. Literaturverzeichnis:

- Bender, Peter: Rom, Karthago und die Kelten, in Klio 79 (1997), S. 87-106.

- Bringmann, Klaus: Der Ebrovertrag, Sagunt und der Weg in den Zweiten Punischen Krieg, in: Klio 83 (2001), S. 369-376.

- Bringmann, Klaus: Geschichte der römischen Republik. Von den Anfängen bis Augustus, München 2002.

- Heichelheim, Fritz: New Evidence on the Ebro Treaty, in: Historia Bd.3 (1954), S. 211-219.

- Hoyos, Dexter: Unplanned Wars. The Origins of the First and Second Punic Wars, Berlin 1997 (Untersuchungen zur antiken Literatur und Geschichte, Bd. 50).

- Polybios: Geschichte, eingeleitet und übertragen von Hans Drexler, Zürich ²1978.

- Seibert, Jakob: Forschungen zu Hannibal, Darmstadt 1993.

- Seibert, Jakob: Hannibal. Feldherr und Staatsmann, Mainz 1997 (Zaberns Bildbände zur Archäologie).

- Zimmermann, Klaus: Rom und Karthago, Darmstadt ²2009 (Geschichte Kompakt).